지식의 저주
CURSE OF KNOWLEDGE

손원배 지음

내 양은 내 음성을 들으며

나는 그들을 알며

그들은 나를 따르느니라

—

요한복음 10장 27절

목차

1. 지식의 저주를 깨닫다 ... 11
- 목회자의 길을 걷다 ... 11
- 목회 현장에서 깨달은 두 가지 ... 12

2. 뜻밖의 것이 저주가 된다 ... 17
- 존 스타인벡의 진주 ... 17
- 뜻밖의 것이 저주가 된다 ... 19
- 시에라이온의 별 ... 21
- 지식의 저주 ... 23
- 가장 치명적인 저주 ... 24

3. 지식의 저주는 에덴 동산에서 시작됐다 ... 29
- 에덴 동산에 두 나무 ... 29
- 인간은 생명이 아니라 지식을 선택했다. ... 31
- 통로가 문제였다 ... 32
- 두 가지 지식 ... 33

4. 직접 지식이란? 39
- 히브리어 ידע(yada, 야다) 39
- 엘리 제사장의 두 아들 40
- 이 시대의 홉니와 비느하스들 41
- 야다(ידע)의 의미 43
- 사사 시대 이스라엘 44
- 나는 하나님을 아는가? 45

5. 간접 지식이란? 51
- 링컨을 아는가? 51
- 하나님을 향해서도 마찬가지다. 52
- 간접 지식에 만족하지 말고 히스기야처럼 기도하라. 54

6. 스콜라 신학의 영향 61
- 철학화된 신학 61
- "아버지와 나를 알지 못함이라" 63
- 그대로 답습하는 신학교들 65
- 이것이 옳지 않은가? 66
- 목표부터 달라져야 한다 68
- 순서가 중요하다. 69

7. 오늘날은 사사시대다 · · · · · · · · · · · · · · · 75
- 실제적 무신론자 · 75
- 예수님의 경고 · 77
- 우리도 그럴 것이다 · · · · · · · · · · · · · · · · · · 79

8. 하나님의 은혜가 필요하다 · · · · · · · · · · · 85
- 사무엘은 하나님의 "계획 출산"으로 태어났다 · · · 85
- 사무엘도 하나님을 몰랐다 · · · · · · · · · · · · 86
- 사무엘을 찾아오신 하나님 · · · · · · · · · · · · 87
- 모세의 '야다' · 89
- 바울의 '야다' · 90
- 엘리야를 통해 찾아오신 하나님 · · · · · · · · · 91
- 찾아오시는 은혜의 하나님 · · · · · · · · · · · · 92
- 하나님의 소원 때문이다 · · · · · · · · · · · · · · 93
- 오늘날도 하나님은 찾아오신다. · · · · · · · · · 97

9. 하나님을 만나는 은혜의 통로　　101
- 죄인들을 찾아오신다　　101
- 두 부류의 차이는 회개이다　　102
- 하나님을 만나는 은혜의 통로는 회개다　　104
- 회개란?　　105
- 돌아오라　　107
- 지금 회개하라　　109

10. 회개가 무너진 한국 교회를 살릴 것이다　　115
- 평양 대부흥의 핵심은 회개였다　　115
- 여호와를 아는 지식이 세상에 충만할 것임이니라　　118

CURSE OF KNOWLEDGE

1.
지식의 저주를
깨닫다

1. 지식의 저주를 깨닫다

목회자의 길을 걷다

나는 신학자가 되려고 했다.

총신신학대학원을 졸업한 후 유학을 떠나 미국 미시간 주에 있는 칼빈 신학교와 필라델피아에 있는 웨스트민스터 신학교에서 조직신학 석, 박사 과정을 공부했다.

그러나 하나님께서는 나의 방향을 돌려 목회자의 길을 걷게 하셨다.

목회 현장에서 깨달은 두 가지

 신학자의 길을 걸어갔다면 미처 알지 못했을 두 가지 사실을 목회를 하면서 깨닫게 되었다.

 첫째, 목회 현장에 와서 보니, 지금까지 그렇게 열심히 배워왔던 신학이 죽은 영혼들을 살리거나 양육하는데 별로 쓸모가 없다는 사실을 알게 되었다.

 둘째, 평균적으로 보면 평신도가 목사보다 신앙이 더 좋다는 사실을 발견하게 되었다.
 예를 들면, 창세기 1장에 6일간의 창조, 노아 홍수, 홍해가 갈라지는 기적, 오병이어 기적, 예수님의 동정녀 탄생, 부활 등 성경 말씀을 목사나 신학자들보다 평신도들이 더 순수하게 어린아이처럼 믿는다는 사실이다.

 이 두 가지 사실은 나에게 놀라움을 넘어 큰 충격으로 다가왔다.

지식이란 무엇인가?

 신학은 목적과 달리 죽은 영혼들을 살리는데 왜 무력한가? 왜 일반 성도들이 신학을 공부한 목사들보다 신앙이 더

좋고,

　목사들이 신학을 더 많이 공부한 신학교수들보다 신앙이 더 좋은 이유는 대체 무엇인가?

　신학교 3년을 다니며 신학을 배우면 배울수록 지식은 늘어나는데, 신앙의 열정과 순수성은 점차 사그라드는 이유는 무엇인가?

　학문적으로 수준이 높은 신학교일수록 신학적 자유주의와 지적 교만에 더 깊이 빠져드는 이유는 무엇인가?
　학력이 높을수록 기독교인의 비율이 낮아지는 이유는 또한 무엇인가?
　현대 지식정보사회가 무르익으며 학문과 지식이 고도로 발달하면서 그 속에서 성장한 청년세대가 썰물처럼 하나님을 등지고 교회를 떠나는 이유는 무엇인가?

　지식이란 대체 무엇인가?
　지식에 대한 나의 고민은 **지식에 대한 회의**(suspicion)로 이어졌고, 마침내 **지식의 저주**(curse)라는 결론에 이르게 되었다.

CURSE OF KNOWLEDGE

2.
뜻밖의 것이 저주가 된다

2. 뜻밖의 것이 저주가 된다

존 스타인벡의 진주

내가 젊은 시절에 좋아했던 소설가 중에 존 스타인벡(John Steinbeck)이 있다. 내가 목회했던 캘리포니아 산호세 인근에 살리나스라는 농촌 도시가 있는데, 그곳이 바로 존 스타인벡의 고향이다. 그의 생가가 아직도 그곳에 보존되어 있다.

그가 살리나스 곁에 있는 해변 도시 몬트레이에서 삶을 보내며, 태평양을 배경으로 쓴 소설이 "진주"(The Pearl)이다.

이 소설의 주인공 키노(Kino)는 해변에서 조개를 잡아 진주를 캐는 가난한 어부였다. 그와 아내 후아나(Juana) 사이에 태어난 갓난아기 코요티토(Coyotito)가 어느 날 전갈에 물려 죽어간다. 병원에 데려갔지만, 의사는 키노의 가난한 행색을 보고 치료를 거부한다.

키노는 아기를 살리기 위해 결사적으로 진주를 찾다가, 뜻밖에 세계에서 가장 크고 값진 진주를 찾게 된다. 그에게 진주는 말할 수 없이 귀한 하나님의 은총으로 여겨졌다. 그렇지만 예상과 달리 그 진주는 뜻밖에 저주가 된다.

키노가 엄청난 진주를 발견했다는 소식은 순식간에 마을 전체로 퍼져갔다. 평소 거들떠보지도 않던 성당 신부는 헌금을 내라며 찾아왔다. 상인들은 크기만 할 뿐 별 가치 없는 진주라며 헐값에 사려고 흥정을 벌인다. 키노는 착한 이웃들까지 진주를 훔쳐 갈까 봐 의심하기 시작한다. 밤에 도둑이 칼을 들고 침투한다. 진주를 지키려는 자와 빼앗으려는 자의 탐욕이 불타오른다. 제값을 받으려고 도시로 떠나는 길에 총을 든 강도들의 습격을 받는다. 키노는 그들을 죽이고 진주를 지킨다. 그러나 그 과정에서 사랑하는 아들 코요티토가 머리에 총상을 입고 죽는다.

죽은 아기를 품에 안고 통곡하는 아내와 함께 집으로 돌아온 키노는 진주를 깊은 바다로 멀리 던져버린다. 진주는 은 총이 아니라 저주였다.

뜻밖의 것이 저주가 된다.

소설에서 뿐 아니라 우리의 삶 속에서도 뜻밖의 것들이 저주가 된다. 똥이 똥으로 보이면 쉽게 피할 수 있다. 길에서 개똥도 마찬가지다. 저주도 저주로 보이면 쉽게 피해갈 수 있다.

그러나 키노의 진주처럼 전혀 저주같이 않은 것들이 뜻밖에 저주가 되면, 쉽게 피해가지 못한다. 저주 같기는커녕 오히려 우리의 욕망을 자극할 만큼 매혹적인 것들이 뜻밖에 저주가 된다. 그래서 무수한 사람들이 저주에 빠진다. 헤쳐 나오지 못하고 저주를 즐기다가 그 저주에 빠져 죽는다.

키노는 진주가 저주라는 사실을 깨닫고 진주를 버렸다. 그러나 많은 사람들은 그렇게 하지 못한다. 대부분 자신의 고

통이 어디서 왔는지조차 깨닫지 못한다. 깨달아도 그 진주가 너무 아까워서 버리지 못한다.

　어떤 사람들은 대통령이 되기도 하고 국회의원이 되기도 한다. 그들은 주어진 권력을 축복으로 여기며 기뻐한다. 그러나 많은 정치인들에게 권력은 복이 아니라 저주다. 권력이 저주가 되어, 감옥에도 가고 자살을 하기도 한다. 그럼에도 불구하고 권력을 맛본 사람들은 권력의 포로가 되어 저주받은 인생을 살아간다. 마치 마약 중독자들이 마약에 노예가 되어 끌려가면서도 죽을 때까지 마약을 놓지 못하고 즐기다가 죽는 것과 같다.

　내가 사는 지역 부천역 복권판매소에는 토요일이면 사람들이 줄을 서서 복권을 산다. 희망이 없어서 그런지, 부자들보다는 가난한 사람들이 복권을 더 많이 사는 것 같다. 내가 살던 미국은 나라가 크고 인구가 많기 때문에 복권이 당첨되면 천문학적인 돈을 받는다. 미국 복권 당첨 최고액은 캘리포니아에서 2022년에 Edwin Castro라는 사람이 받은 20억 달러, 곧 2조4천억원이었다. 복권에 당첨된 사람들은 기적 같은 행운에 뛸듯이 기뻐한다. 그러나 통계에 의하면, 그들 대부분이 비참한 종말을 맞이한다.

당첨된 순간부터 평소에 멀리하던 친척, 친구들이 찾아온다. 도움을 주면 걷잡을 수 없이 몰려오고, 도움을 거절하면 관계가 끊어진다. 질투와 비난이 난무한다. 그들의 삶은 탐욕과 고독의 늪에 서서히 침몰해 간다. 복권에 당첨되지 않았으면 그럭저럭 행복하게 살아갔을 많은 사람들이 축복으로 여겼던 돈이 뜻밖에 저주가 되어 불행의 길을 걷는다. 복권의 저주를 피해가는 사람은 그리 많지 않다.

시에라이온의 별

아프리카 서부에 시에라리온이라는 나라가 있다. 1972년에 이 나라에서 "시에라리온의 별"이라고 이름이 붙어진 969 캐럿짜리 엄청나게 큰 다이아몬드가 발견된다. 그리고 이어서 광산이 개발되어 다이아몬드가 쏟아져 나왔다. 그들은 국가적으로 엄청난 은총을 받았다고 기뻐했다. 그러나 시

에라리온에게 다이아몬드는 은총이 아니라 저주였다.

   다이아몬드를 수출하면서 엄청난 돈이 쏟아져 들어왔다. 재물에 눈먼 부패한 정권과 탐욕에 사로잡혀 광산을 빼앗으려는 반군이 10년간 처절한 내전을 치른다. 당시 인구 450만 명 중 35만 명이 사망하고, 150만 명이 난민으로 나라를 떠났다. 소년들을 납치해서 마약을 먹여 전투 현장에 총알받이로 사용했다. 상대편에서 일하거나 싸우지 못하도록 4천 명의 팔을 잘라버렸다. 장애인 비율이 세계 최고가 되고, 평균수명은 35세로 떨어졌다.

   가난하지만 행복하게 살았을 사람들이 축복으로 여겼던

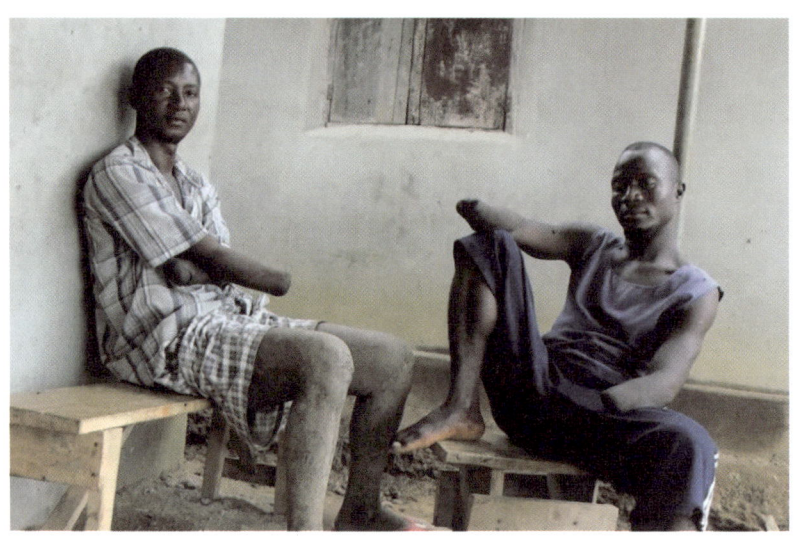

다이아몬드 때문에 자식을 빼앗기고 부모를 잃고 팔다리를 생으로 잘린채 매일 악몽에 시달리며 처참한 삶을 이어간다.

키노의 진주나 시에라리온의 다이아몬드처럼 뜻밖의 것들이 저주가 되어 많은 사람들을 고통으로 몰고간다. 전혀 저주로 보이지 않은데 뜻밖에 저주가 되는 것들 중에 가장 교묘하고 치명적인 저주는 지식의 저주이다.

지식의 저주

예수님은 우리가 양으로서 가장 조심해야 할 대상이 늑대가 아니라, 양의 옷을 입고 다가오는 늑대라고 경고하셨다.

> "거짓 선지자들을 삼가라 양의 옷을 입고
> 너희에게 나아오나 속에는 노략질하는 이리라"
> (마태복음 7장 15절)

늑대가 늑대의 모습으로 오면 보고 피할 수 있지만, 양의 모습으로 오면 보고도 속을 수밖에 없기 때문이다. 지식의 저주는 거짓 선지자처럼 양의 모습으로 다가오는 늑대다. 지식의 저주는 저주 중에서 가장 속기 쉬운 저주이다.

교묘한 만큼 지식의 저주는 전 세계에 가장 광범위하게 퍼져있다. 지식을 우상화하는 정보사회에 들어서면서, 지식의 저주는 온 세상을 정복했다. 엘리트를 자처하는 지식인일수록 더 깊이 지식의 저주에 빠져있다. 세상 뿐 아니라 교회와 신학교에도 지식의 저주가 판을 친다.

가장 치명적인 저주

　모든 저주는 고통을 가져온다. 진주의 저주에 키노는 아들을 잃었다. 시에라리온 사람들은 다이아몬드의 저주에 팔다리가 잘리고 자식을 빼앗기고 고향을 잃었다. 그러나 지식의 저주는 이것들보다 더 치명적이다.

　지식의 저주는 우리가 하나님께 가는 길을 막아서기 때문이다. 지식의 저주라는 사슬을 끊지 못한다면, 이 저주는 우리를 영원한 저주의 땅 지옥까지 끌고 간다.

　지식이 저주가 될 수 있다는 사실을 짐작하는 사람이 얼마나 될까? 진주나 다이아몬드처럼 사랑받는 지식이 저주가 될 수 있다는 사실을 누가 믿겠는가?

CURSE OF KNOWLEDGE

3.
지식의 저주는 에덴 동산에서 시작됐다

3. 지식의 저주는 에덴 동산에서 시작됐다

에덴 동산에 두 나무

하나님께서 만드신 에덴 동산 중앙에는 두 나무가 서 있었다.

> "여호와 하나님이 그 땅에서 보기에 아름답고
> 먹기에 좋은 나무가 나게 하시니 동산 가운데에는
> 생명 나무와 선악을 알게 하는 나무도 있더라"
> (창세기 2장 9절)

Tree of Knowledge of Good & Evil   Tree of Life

한 나무는 영원한 생명을 주는 **생명 나무**(tree of life)였고(창 3:22), 다른 한 나무는 선악을 알게 하는 **지식 나무**(tree of the knowledge of good and evil)였다.

하나님께서는 아담에게 에덴 동산에 있는 모든 나무, 곧 "생명 나무"를 포함하여 모든 나무의 열매를 원하는대로 먹으라고 하셨다. 오직 한 나무, "선악을 알게 하는 지식 나무" 열매만은 먹지 말라고 금하셨다.

"여호와 하나님이 그 사람에게 명하여 이르시되
동산 각종 나무의 열매는 네가 임의로 먹되
선악을 알게 하는 나무의 열매는 먹지 말라
네가 먹는 날에는 반드시 죽으리라 하시니라"
(창세기 2장 16-17절)

인간은 생명이 아니라 지식을 선택했다.

아담과 하와는 "먹지 말라"는 하나님의 말씀을 거부하고, "따 먹으라"는 뱀의 말을 따라갔다(창3:1-6, 고후11:3, 계12:9). "하나님과 같이" 되려는 욕망 때문에, 생명 나무가 아니라 지식 나무를 선택한 것이다.

그 결과 선악을 아는 지식은 얻었지만, **그 지식이 저주가 되어** 그들은 에덴 동산에서 쫓겨나고 생명 나무로 가는 길은 막히게 된다.

"여호와 하나님이 이르시되 보라 이 사람이 선악을 아는
일에 우리 중 하나 같이 되었으니 그가 그의 손을 들어
생명 나무 열매도 따먹고 영생할까 하노라 하시고"
"이같이 하나님이 그 사람을 쫓아내시고 에덴 동산
동쪽에 그룹들과 두루 도는 불 칼을 두어
생명 나무의 길을 지키게 하시니라"
(창세기 3장 22, 24절)

통로가 문제였다.

하나님은 왜 "선악을 알게 하는 지식 나무"의 열매를 따먹지 말라고 하셨을까? 선악을 아는 지식(knowledge of good and evil)이 악하기 때문인가? 아니다. 하나님께서 친히 그 지식을 소유하고 계시기 때문에(창3:22), 그 지식은 악한 것일 수 없다. 잠언을 보라. 잠언에는 지혜와 함께 지식을 가지라는 말씀으로 가득차 있다(잠2:10, 5:1-2, 8:10-12, 10:14, 11:9 등). 선악을 아는 지식을 포함하여 모든 지식은 하나님께로부터 나온다. 그러므로 지식은 좋은 것이다.

그렇다면 무엇이 문제인가? 아담과 하와의 잘못은 무엇인가?

문제는 지식을 획득하는 통로였다. 아담과 하와는 선악을 아는 지식을 하나님의 말씀에 복종하며 **하나님의 통로로** 얻지 않고, 자신이 주도하여 **인간의 통로로** 얻은 것이다.

하나님께서는 하나님의 통로, 곧 아담과 하와가 생명 나무를 선택하여, 자신과 생명의 교제를 나누면서 자신을 통해 **선을 맛봄으로** 선악을 아는 지식을 갖게 되기를 원하셨다.

그러나 아담과 하와는 사탄의 유혹(시험, temptation)을 받아 하나님과 같이 되려는 자기 욕심에 끌려서, 인간의 통로, 곧 자신들이 주도하여 **악을 맛봄으로** 선악을 아는 지식을 갖게 된 것이다.

> "오직 각 사람이 시험을 받는 것은
> 자기 욕심에 끌려 미혹됨이니
> 욕심이 잉태한즉 죄를 낳고 죄가 장성한즉
> 사망을 낳느니라
> 내 사랑하는 형제들아 속지 말라
> 온갖 좋은 은사와 온전한 선물이 다 위로부터
> 빛들의 아버지께로부터 내려오나니…"
> (야고보서 2장 14-17절)

　지식도 빛들의 아버지께로부터 내려오는 하나님의 선물이다. 아담과 하와는 선악을 아는 지식을 하나님께로부터 선물로 받아야 했다. 그러나 그들은 하나님의 통로를 거부하고, 욕망을 충족하기 위해 인간의 수단방법으로 쟁취함으로 저주의 길을 걸어간 것이다.

두 가지 지식

　하나님에 대한 지식에도 두 가지가 있다. 하나는 **하나님의 통로로** 얻는 지식이고, 다른 하나는 **인간의 통로로** 얻는 지식이다.

　하나님의 통로로 그와 교제하며 얻는 지식은 **하나님을 아는**

지식(Knowing God)이다.

하나님께서 주도하셔서 우리를 만나 알게 하시는 지식이므로 **직접 지식**이다.

이 지식은 우리를 더 깊은 **생명의 교제로 인도한다**.

인간의 통로로 얻는 지식은 **하나님에 관하여 아는 지식**(Knowing about God)일 뿐이다.

사람들이 하나님에 관하여 전해주는 지식이므로 **간접 지식**에 불과하다.

이 지식이 직접 지식을 밀어내는 경우, 이 지식은 우리를 **저주에 빠지게 한다**.

인간은 하나님이 아니기 때문에 아무리 뛰어나도 단지 하나님에 관한 간접 지식(Knowing about God)을 전할 뿐이다. 오직 하나님 자신만이 그를 아는 직접 지식(Knowing God)을 우리에게 주실 수 있다.

다음 장에서는 하나님의 통로로 얻는 "직접 지식"의 의미를 살펴보고, 그 다음 장에서는 인간의 통로로 얻는 "간접 지식"에 대하여 보다 구체적으로 살펴보려 한다.

CURSE OF KNOWLEDGE

4.
직접 지식이란?

4. 직접 지식이란?

히브리어 ידע(yada 야다)

앞에 쓴 것처럼, 하나님에 대한 지식은 두 가지가 있다. **하나님이 주도하여** 자신의 통로로 "하나님을 알게 하는 직접 지식"이 있다. 그리고 **사람이 주도하여** 인간의 통로로 "하나님에 관하여 알게 하는 간접 지식"(Knowing about God)이 있다.

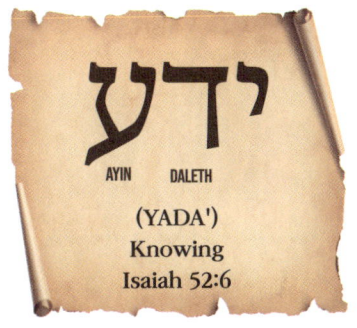

구약성경은 하나님을 아는 직접 지식을 말할 때 יָדַע(yada 야다, 알다, to know)라는 히브리 단어를 사용한다.

엘리 제사장의 두 아들

홉니와 비느하스는 제사장 집에서 자랐다. 그들은 어려서부터 아버지 엘리 제사장으로부터 귀에 못이 박히도록 하나님에 관하여 들었을 것이다. 그들도 성장하여 하나님을 섬기는 제사장이 되어, 성막에서 날마다 하나님께 제사를 드리는 일을 주관했다. 그들은 당연히 자신들이 하나님을 안다고 생각했을 것이다.

그러나 성경은 놀랍게도 그들이 하나님을 알지 못했다고 선언한다.

> "엘리의 아들들은…여호와를 알지 못하더라"
> (사무엘상 2장 12절)

여기서 "알다"는 동사로 사용된 히브리 단어가 바로 יָדַע(야다)이다. 야다는 하나님을 만나 교제함으로 하나님께로부터 직접 얻는 지식을 의미한다. 홉니와 비느하스는 제사장 집안에서 자랐지만, 그래서 하나님에 관한 간접 지식을 많이 얻었지만, 그럼에도 불구하고 야다 곧 하나님을 아는 직접 지식은 없었던 것이다. 다시 말하면, 그들은 하나님에 **관하여 알 뿐**, 하나님을 **알지 못했다**.

　제사장으로서 그들이 하나님을 직접 알지 못한 결과는 참혹했다. 그들은 하나님을 모르기 때문에 하나님을 두려워하지 않았고, 그래서 하나님께 드리는 제사를 멸시하는 큰 죄를 지었다(삼상2:13-17). 그 결과 그들 자신이 비참한 죽음을 당했을 뿐 아니라 가족과 백성까지 그들로 인해 참혹한 죽음과 고통을 당했다(삼상4:10-18).

　하나님에 관한 간접 지식은 하나님을 아는 것이 아니라 **하나님을 모르는 것이다**. 홉니와 비느하스처럼 간접 지식만 가진 자들이 높은 지위에 있으면 있을수록 그 가정과 나라는 더 큰 고통과 저주에 빠진다.

이 시대의 홉니와 비느하스들

　목사의 직분도 소용없다. 신학박사 학위도 소용없다. 홉니와 비느하스도 아론의 후손으로 당대 최고 제사장들이었다. 나에게 "하나님에 관하여 아는 간접 지식"밖에 없다면, 내가 가는 길도 홉니와 비느하스의 길과 다르지 않다는 사실을 인정해야 한다.

  오늘날도 많은 목사들이 사사 시대 제사장 홉니와 비느하스처럼 **하나님에 관한 간접 지식만 가지고** 설교도 하고 목회도 한다. 하나님을 인격적으로 만난 적이 없는 신학교수들이 학생들에게 간접 지식만 전수하며, 간접 지식으로 무장한 목사들을 대량 배출한다.

  그들은 모두 하나님을 안다고 착각한다. 그러나 하나님을 모르는 것이다. 단지 "하나님에 관하여 아는 간접 지식"만 잔뜩 축적했을 뿐이다.

  그들은 그것이 전부라고 믿는다. 악화가 양화를 구축하듯이, 인간의 통로로 쟁취한 **간접 지식은 저주가 되어** 살아계신 하나님을 통해 얻는 **직접 지식이 발을 붙이지 못하도록 몰아낸다**. 이것이 바로 에덴 동산부터 시작된 지식의 저주이다. 간접 지식이 창출해내는 저주의 악순환은 언제까지 지속될 것인가?

야다(ידע)의 의미

  한글 성경은 <u>창세기 4장 1절</u>을 "아담이 그의 아내 하와와

동침하매 하와가 임신을 하여…"로 번역했다. 그러나 엄밀하게 말하면, 이 번역은 틀리다. 여기서 "동침하다"로 번역된 히브리 단어는 יָדַע(yada 야다, 알다)이기 때문이다. 정확하게 번역하면, "아담이 그의 아내 하와를 **알매** 하와가 임신을 하여…"가 맞다.

그렇다면 번역자들이 이것을 알았을텐데, 그럼에도 불구하고 야다(יָדַע)를 "알다"로 직역하지 않고 "동침하다"로 바꾸어 의역을 한 이유는 무엇인가? 독자의 이해를 돕기 위한 것이다.

여기서 우리는 히브리어 야다(יָדַע)의 의미를 깊이 깨달을 수 있다. 야다(יָדַע)는 다른 사람을 통해 간접적으로 전해 듣는 지식이 아니라, **부부가 동침을 하는 것만큼 친밀한 교제를 통해 서로 알게 되는** 직접 지식을 뜻한다.

살펴본 바와 같이 사무엘상 2장 12절 "엘리의 아들들은…여호와를 알지 못하더라"에서 쓰인 동사가 바로 야다(יָדַע)이다. 그들은 부모라는 **인간의 통로로** 하나님에 관한 많은 간접 지식을 얻었지만, 그들 자신은 하나님을 만난 적이 없고 그래서 부부가 동침하는 것같이 하나님과 친밀한 교제를 통해 **하나님의 통로로** 하나님을 아는 직접 지식 야다(יָדַע)는 없었던 것이다.

사사 시대 이스라엘

이스라엘의 역사를 보면, 여호수아와 그의 세대 사람들에게는 하나님을 직접 아는 야다(ידע)가 있었다.

"이스라엘이 여호수아가 사는 날 동안과 여호수아 뒤에 생존한 장로들 곧 여호와께서 이스라엘을 위하여 행하신 모든 일을 아는 자들이 사는 날 동안 여호와를 섬겼더라"
(여호수아 24장 31절)

그들은 나일 강물을 피로 바꾸고, 태양을 어두워지게 하시는 하나님을 목격했다. 장자들을 치시는 유월절의 밤을 경험하고, 갈라진 홍해를 통과하고, 40년간 구름 기둥을 따라 걷고 하늘에서 내려온 만나를 먹으며, 전능하신 창조주 살아계신 하나님을 직접 지식 야다(ידע)로 알았다(출8:21-24, 9:14, 10:2, 14:30-31).

그래서 그들은 그들이 만난 하나님의 관한 이야기를 자녀들에게 침이 마르고 입이 닳도록 수없이 많이 전했을 것이다. 그러나 성경은 그들의 자녀들이 하나님을 알지 못했다고 기술한다.

> "그 세대의 사람도 다 그 조상들에게로 돌아갔고
> 그 후에 일어난 다른 세대는
> 여호와를 알지 못하며
> 여호와께서 이스라엘을 위하여 행하신 일도
> 알지 못하였더라"
> (사사기 2장 10절)

여기서 사용된 히브리 단어도 야다(ידע)이다. 부모들이 아무리 열심히 전해도 그것은 인간의 통로로 전해 듣는 간접 지식일 뿐이다. 부모 세대와 달리 그들의 자녀는 하나님을 만나지 못했고 그래서 그들은 하나님을 알지 못했다.

나는 하나님을 아는가?

여러분은 하나님을 아는가? 나는 기도 찬양 예배를 드리는 시간에, 또는 설교 전도 선교의 현장에서, 성경과 성령의 역사를 통해 찾아오시는 하나님을 만난 적이 있는가? 부부가 동거하며 서로를 알듯이, 나를 찾아오신 살아계신 하나님을 만나 친밀한 교제를 나눔으로 하나님을 아는 야다(ידע) 직접 지식이 있는가?

창세기 4장 1절 "아담이 그의 아내 하와와 동침하매(알매) 하와가 임신을 하여 가인을 낳고…"에서 아담과 하와 부부의 경우를 통해 살펴보면, **직접 지식 야다**(ידע)는 첫째 지정의를 지닌 둘 이상의 인격체가, 둘째 함께 살아가면서, 셋째 부부생활처럼 친밀한 교제를 나눔으로, 넷째 쌍방간에 얻는 지식으로 정의할 수 있다.

그러므로 사람이 만든 종교의 신들과는 야다(ידע)를 나눌 수 없다. 죽은 신들과는 인격적 교제가 이루어질 수 없기 때문이다(사44:9-17). 그래서 종교인들은 그들의 신들을 향해 간접 지식만 가지고 종교생활을 한다. 갈멜 산에서 엘리야와 대결했던 바알 선지자들처럼, 대답 없는 신에게 일방적으로 기도를 드리고, 일방적으로 종교의식을 진행할 뿐이다.

"이같이 하여 정오가 지났고 그들이 미친 듯이 떠들어
저녁 소제 드릴 때까지 이르렀으나 아무 소리도 없고
응답하는 자나 돌아보는 자가 아무도 없더라"
(열왕기상 18장 29절)

"그들의 우상들은 은과 금이요
사람이 손으로 만든 것이라
입이 있어도 말하지 못하며

눈이 있어도 보지 못하며…"
(시편 115편 4-8절)

그러나 엘리야의 기도에 불로 응답하신 하나님은 살아계신 하나님이시다. 하나님과는 야다(ידע)를 나눌 수 있다. 왜냐하면 그는 살아계시기 때문이다. 지정의를 지닌 내가 지정의를 지니신 하나님께 기도하면, 그가 들으시고 응답하신다. 이렇게 오고 가는 쌍방의 과정을 통해 내가 하나님을 만나고 교제하면서, 하나님을 아는 직접 지식 야다(ידע)가 깊어지고 하나님을 더욱 사랑하게 되는 것이다.

성경에는 살아계신 하나님과 교제를 하며 야다(ידע)를 누린 인물들로 가득차 있다. 오늘날 교회에도 성경을 읽고 기도 찬송 예배를 드리거나, 목회와 선교를 하면서, 혹은 중병이나 환난 중에, 하나님을 인격적으로 만나는 성도들이 적지 않다. 야다(ידע)는 신학교에서 교수에게 배우는 간접 지식이 아니라 살아계신 하나님을 만나 교제하며 얻는 직접 지식이다.

CURSE OF KNOWLEDGE

5.
간접 지식이란?

5. 간접 지식이란?

링컨을 아는가?

여러분에게 "아브라함 링컨을 아느냐"고 묻는다면, 대부분 안다고 대답할 것이다. 왜냐하면 여러분은 아브라함 링컨이 흑인 노예해방 선언자, 게티즈버그 연설자, 남북전쟁을 승리로 이끈 미국 16대 대통령인 것을 알고 있기 때문이다.

그러나 정확히 말하면, 여러분은 링컨 대통령을 **알고 있는 것이 아니다**. 단지 링컨 대통령에 **관하여 알고 있는 것이다**. 사람이나 책을 통해 전해들은 "간접 지식"이기 때문이다. 링컨을 아는 "직접 지식"은, 히브리어 야다(ידע)의 뜻을 적용하면, 아내나 자녀, 친구, 동료들처럼 그 시대에 그와 함께 살며 직접 교제를 통해 링컨 대통령을 아는 것을 가리킨다. 링컨에 관하는 아는 "간접 지식"은 그를 모르는 것이다.

하나님을 향해서도 마찬가지다.

여러분에게 "하나님을 아느냐"고 묻는다면, 여러분은 대부분 안다고 대답할 것이다. 그러나 오직 인간의 통로, 곧 사람이나 책을 통해 전해들은 **하나님에 관한 간접 지식**만 있고 **야다(יד)의 직접 지식**이 없다면, 여러분은 아직 하나님을 모르는 것이다.

내가 하나님에 대하여 직접 지식을 갖고 있는가? 아니면 간접 지식만 갖고 있는가? 다시 말하면, 나는 하나님을 알고 있는가(Knowing God)? 아니면 단지 하나님에 관하여 알고 있을 뿐인가(Knowing about God)? 내가 어떤 상태에 있는지를 분별하는 것은 매우 중요하다. 왜냐하면 그것이 내 구원의 여부를 결정하기 때문이다.

"영생은 곧 유일하신 참 하나님과 그가 보내신 자 예수 그리스도를 아는 것이니이다"

(요한복음 17장 3절)

참고로 말하면, 주전(BC) 3세기경에 유대인 성경학자들이 히브리어로 쓰여진 구약성경을 헬라어로 옮겼는데, 그 번역본을 칠십인역(Septuagint)이라고 부른다. 당시 그들은 히브리어 야다(ירע)를 헬라어 기노스코(γινώσκω)로 옮겼다. 왜냐하면 "알다"를 뜻하는 헬라어 동사 중, **오이다**(οἶδα)**는 생각을 통해 얻는 간접 지식**을 뜻하는 반면, **기노스코**(γινώσκω)**는 관계를 통해 얻는 직접 지식**을 뜻하기 때문이다.

예수님께서는 요한복음 17장 3절에서 "알다"는 동사로 오이다(οἶδα)가 아니라 기노스코(γινώσκω)를 사용하셨다. 그러므로 **"영생"**은 간접 지식을 통해 얻는 것이 아니라, 오직 "유일하신 참 하나님과 그가 보내신 자 예수 그리스도"를 만나 교제하며 그들을 직접 지식으로 아는 자들에게 주시는 하나님의 선물인 것이다.

간접 지식은 하나님을 모르는 것이다. 그러므로 간접 지식은 우리를 구원하지 못한다. 유일하신 참 하나님과 그의 보내신 자 예수 그리스도를 모르는 자가 어떻게 구원을 받을 수 있겠는가?

간접 지식에 만족하지 말고 히스기야처럼 기도하라.

앗수르 왕 산헤립이 대군을 이끌고 쳐들어왔을 때에, 유다 왕 히스기야는 이렇게 기도했다.

"그 앞에서 히스기야가 기도하여 이르되
그룹들 위에 계신 이스라엘의 하나님 여호와여
주는 천하만국에 홀로 하나님이시라 주께서
천지를 만드셨나이다
여호와여 귀를 기울여 들으소서 여호와여
눈을 떠서 보시옵소서 산헤립이 **살아계신 하나님**을
비방하러 보낸 말을 들으시옵소서
여호와여 앗수르 여러 왕이 과연 여러 민족과
그들의 땅을 황폐하게 하고
또 **그들의 신들**을 불에 던졌사오니
이는 그들이 **신이 아니요 사람의 손으로 만든 것**
곧 나무와 돌 뿐이므로 멸하였나이다
우리 하나님 여호와여 원하건대
이제 우리를 그의 손에서 구원하옵소서
그리하시면 천하만국이 주 여호와가
홀로 하나님이신 줄 알리이다 하니라"
(열왕기하 19장 15-19절)

앗수르 제국에 의해 정복된 여러 민족의 신들은 불에 던져졌다. 돌과 나무로 만들어진 죽은 신들이었기 때문이다. 그러나 그 신들과 달리, 여호와 하나님은 히스기야의 기도를 듣고 응답하신 하나님(왕하19:20, 28), 앗수르 군대를 심판하여 그의 백성을 구원하신 살아계신 하나님이시다(왕하 19:35-37).

> "귀를 지으신 이가 듣지 아니하시랴
> 눈을 만드신 이가 보지 아니하시랴
> 뭇 백성을 징벌하시는 이 곧 지식으로
> 사람을 교훈하시는 이가 징벌하지 아니하시랴"
> (시편 94편 9-10절)

나는 살아있는가? 그렇다. 나는 지금 살아있다. 그러나 내가 살아있는 것보다 더 분명하게 나를 지으신 하나님은 살아계시다. 내 존재가 그에게 달려있기 때문이다. 그가 없으면 나도 없지만, 내가 없어도 그는 계시다. 그가 살아계시기 때문에 내가 살아있는 것이다.

하나님께서 살아계신 것이 분명한데, 왜 그리스도인들이 하나님과 교제하며 신앙생활을 하지 않고, 죽은 신들을 섬기는 종교인들처럼 종교생활을 하고 있는가?

간접 지식에 만족하지 말고, 하나님을 찾으라. 그가 만나주실 것이다. 히스기야처럼, 하나님을 향해 부르짖어 구하라. 응답해주실 것이다. 살아계신 하나님을 야다(ידע) 직접 지식으로 알게 될 것이다.

> "너희가 내게 부르짖으며 내게 와서 기도하면
> 내가 너희들의 기도를 들을 것이요
> 너희가 온 마음으로 나를 구하면 나를 찾을 것이요
> 나를 만나리라"
> (예레미야 29장 12–13절)

하나님의 초청을 왜 거절하는가? 살아계신 하나님을 만나 교제하며 그를 직접 알아가는 이 엄청난 특권과 기쁨을 왜, 도대체 왜 포기하는가? 사사 시대 엘리 제사장의 두 아들처럼, 왜 오늘날 이렇게 많은 사람들이 간접 지식에 만족하며 저주의 길을 걸어가는가? 여기에 결정적 역할을 한 것이 있는데, 그것은 바로 스콜라 신학이다.

CURSE OF KNOWLEDGE

6.
스콜라 신학의 영향

6. 스콜라 신학의 영향

철학화된 신학

사도행전을 보면, 초대 교회는 여호수아 세대처럼 하나님을 직접 아는 야다(ידע) 세대였다. 그들은 예수 그리스도의 죽음과 부활과 승천을 목격했고, 오순절에 성령 세례를 받고 성령의 강력한 권능을 맛보면서 하나님과 교제하며 신앙생활을 했다.

그러나 사도시대 이후 교회는 하나님을 아는 직접 지식에서 점점 멀어져갔다. 결국 하나님에 관하여만 아는 간접 지식의 포로가 되는데, 여기에 결정적 역할을 한 것이 바로 스콜라 신학(scholasticism)이다.

이단들이 등장하면서 교부들(church fathers)에 의해 시작된, 교리와 신학이 세워져가는 과정까지는 어쩔 수 없는 과정이라고 할 수 있다. 그러나 이 과정에 끊임없이 개입해오는 인간의 통로 곧 헬레니즘(Hellenism)을 교회가 끊어내지 못한 것은 치명적인 과오였다.

주후 9세기부터 안셀무스, 보나벤투라, 토마스 아퀴나스 등이 주도한 스콜라 신학은 '이성과 신앙'의 조화라는 명분하에, "성령"의 자리에 "이성"을 앉히고, 하나님의 통로인 "계시"를 밀어내고 인간의 통로인 "아리스토텔레스의 논리학"을 도입함으로써, **교제(fellowship)를 통해 하나님을 아는 직접 지식**을 몰아내고 **사고(reasoning)를 통해 하나님에 관하여 아는 간접 지식**으로 교회를 점령해버렸다.

신학과 철학을 구분할 수 없을 만큼 그들은 철저히 신학을 철학화시켰다. **사고를 통해 얻는 '오이다' 간접 지식**에 집중하며, **관계를 통해 얻는 '기노스코' 직접 지식**를 몰아냈다. 하나님에 대한 지식은 철저히 관념화되었다. 성경과 성령을 통해 하나님과 친밀히 교제하며 야다(ידע)를 누리는 신자들은 신비주의자나 이단으로 처단을 당했다.

"아버지와 나를 알지 못함이라"

예수님은 교회가 장차 이렇게 될 것을 미리 아셨다.

> "사람들이 너희를 출교할 뿐 아니라 때가 이르면
> 무릇 너희를 죽이는 자가 생각하기를 이것이
> 하나님을 섬기는 일이라 하리라
> 그들이 이런 일을 할 것은 **아버지와 나를 알지 못함이라**"
> (요한복음 16장 2-3절)

예를 들어 종교개혁 시기에만 해도 카톨릭 교회는 얀 후스(Jan Hus), 윌리엄 틴들(William Tyndale) 등 개혁자들을 불태워 죽이고, 종교재판을 통해 수많은 개혁 성도들을 투옥하고 고문하고 죽였다. 성 바톨로뮤 축제일에 프랑스 파리, 이탈리아 서북부 피드몬테 등 유럽 각지에서 개혁 신자들을 수백 명, 수천 명씩 잔인하게 학살했다. 그러면서 그들은 예수님의 예언대로 "이것이 하나님을 섬기는 일이라"고 확신하며, 학살을 자축하는 의미로 기념주화를 만들기도 하고 기념벽화도 그렸다.

어떻게 이런 일이 가능했는가? 하나님을 모르는 세상 사람들도 아니고, 예수님을 믿는다고 하는 사람들이 어떻게 이렇게 상상하기도 어려운 악한 일을 저지를 수 있었을까? 우리는 그 답을 요한복음 16장 2-3절 예수님의 예언에서 찾을 수 있다. "그들이 이런 일을 할 것은 아버지와 나를 알지 못함이라" 여기서 예수님이 사용하신 단어가 바로 기노스코(γινώσκω)이다.

카톨릭 사제들과 교인들은 하나님과 예수님에 관한 '오이다(οἶδα)', 간접 지식만 있었을 뿐, 하나님과 예수님을 직접 알지 못했다(요16:3). 그 결과 그들은 하나님의 자녀들에게 참혹한 일을 자행하면서도 그들의 죄를 전혀 깨닫지 못했던 것이다.

카톨릭 사제들과 교도들을 이렇게 추악한 괴물로 만드는데 결정적 공헌을 한 것이 바로 스콜라 신학이다. "누가 철학

과 헛된 속임수로 너희를 사로잡을까 주의하라"(골2:8)는 경고의 말씀을 무시하고, 헬라 철학을 통해 교회에 끌어들인 간접 지식이 마침내 저주가 되어 직접 지식을 몰아내고 이런 일을 저지르게 만든 것이다.

그대로 답습하는 신학교들

종교개혁이 시작된 후 5백여년이 지났다. 그렇지만 오늘날 개신교 신학교들은 스콜라 신학이 물려준 철학화된 신학을 그대로 답습하여 가르치고 있다. 현실을 보라. 현재 신학교수들이 성경이나 신학을 가르칠 때 학생들로 하여금 살아계신 하나님을 만나 교제하며 야다(ידע)를 누리게 하는가? 아니면 사고(reasoning)를 통해 듣고 배우는 간접 지식을 전달하는가?

교수들이 삼위일체론을 가르치며 하나님에 관한 간접 지식만 가르친다면 무슨 소용이 있는가? 철학화된 신학으로 전해지는 간접 지식은, 악화가 양화를 구축하듯이, 오히려 삼위일체 하나님을 만나 교제함으로 얻는 직접 지식을 거부하게 만드는 저주가 된다.

이것이 바로, 내가 목회 현장에서 깨달은 사실, 곧 내가 그

토록 열심히 배웠던 신학이 목회의 현장에서 죽은 영혼들을 살리거나 양육하는데 쓸모가 없었던 이유이다. 그리고 평신도들이 오히려 신학을 배운 목사나 신학교수들보다 신앙이 더 좋은 이유가 바로 여기에 있다. 이것이 바로 신학을 배우면 배울수록 저주에 더욱 깊이 빠져드는 이유이다.

이것이 옳지 않은가?

철학이 아니라 성경적으로 삼위일체론을 가르치려면, **성령의 역사를 따라** 함께 기도하고 함께 성경을 읽으며 학생들이 삼위일체 하나님을 살아계신 하나님으로 만나 교제하도록 인도해야 하지 않은가? 인간론을 가르친다면, 지식 전달을 넘어, 학생들에게 인간은 모두 죄인임을 선포하여 자신들의 죄를 철저히 회개하고 죄의 습관들을 끊고 하나님께 나아가도록 이끌어야 한다.

실천신학을 가르치려면, 교회 행정을 넘어서 교회의 머리이신 예수 그리스도의 통치를 받으며 목회하는 법을 가르치라. 설교학을 가르치려면, 설교자 자신이 성경을 읽으며 말씀하시는 하나님을 만나고, 설교 중에 성도들이 하나님의 임재(presence of God)를 맛보게 하는 그런 설교자를 양육해내라.

그렇지만 대부분의 신학교수들은 학생들을 인도하기는커녕 자신들도 하나님을 인격적으로 만나 교제하는 야다(ידע)의 삶을 산 경험이 거의 없다. 그래서 그들은 무의식적으로 혹은 습관적으로 자신을 방어하기 위해, 간접 지식을 옹호하면서 하나님과의 교제를 통해 얻는 직접 지식을 천박하게 여기며 기피한다.

오늘날 신학교들이 가르치는 신학은 하나님의 통로, 곧 성령의 통로로 주어진 산물이 아니다. 인간의 통로, 곧 헬라 철학과 논리학에 근거하여 만들어진 "철학 같은 신학"이다. 중세 스콜라 신학이 만들어낸 이 철학화된 신학은 오늘날 조금도 물러설 기미를 보이지 않고 여전히 맹위를 떨치고 있다.

목표부터 달라져야 한다.

철학화된 기독론이 아니라 진정한 기독론을 가르치려면, 목표부터 달라져야 한다. 그리스도에 관한 간접 지식 전달이 아니라, 사도 바울이 한 것처럼, 중매하듯이 학생들을 인도하여 그리스도를 만나게 하고 그의 주되심(Lordship)에 복종하며 살도록 이끄는 것이 기독론의 목표가 되어야 한다.

> "내가 하나님의 열심으로 너희를 위하여
> 열심을 내노니 내가 너희를 정결한 처녀로
> 한 남편인 그리스도께 드리려고 중매함이로다…"
> (고린도후서 11장 1절)

양과 목자로 비유하면, 기독론의 목표는 **성경과 성령과 기도를 통해** 아직 거듭나지 못한 학생들은 선한 목자이신 예수님을 만나 그의 양으로 거듭나게 하고, 거듭난 학생들은 목자이신 예수님이 그들을 알듯이 그들도 예수님을 더 깊이 아는 양이 되도록 인도하는 것이어야 한다.

> "내 양은 내 음성을 들으며 나는 그들을 알며
> 그들은 나를 따르느니라"
> (요한복음 10장 27절)

여기서도 예수님이 사용하신 단어는 사고를 통해 아는 오이다(οἶδα, head knowledge)가 아니라, 교제를 통해 알게 되는 기노스코(γινώσκω, relational knowledge)이다. 그러므로 기독론은 학생들에게 예수님에 관한 간접 지식을 전하는 것이 아니라, 예수님을 만나 그의 음성을 듣고 그를 따르는 양이 되는 것에 목표를 두어야 한다.

순서가 중요하다.

3장에서 거론한 것처럼, 간접 지식이 나쁘다는 말이 아니다. 그러나 간접 지식이 내 안에 먼저 진지를 구축하면, 이것이 직접 지식을 몰아내는 저주가 된다는 말이다.

진주나 다이아몬드, 권력, 돈의 경우도 마찬가지다. 돈 자체가 저주이거나 악한 것은 아니다. 그러나 돈을 사랑함이 내 안에 먼저 자리를 잡으면, 그것이 우상이 되어 내 안에 하나님 사랑이 들어오지 못하도록 막는 저주가 된다는 말이다.

> "돈을 사랑함이 일만 악의 뿌리가 되나니
> 이것을 탐내는 자들은 미혹을 받아 믿음에서 떠나
> 많은 근심으로써 자기를 찔렀도다"
> (디모데전서 6장 10절)

그러므로 **순서가 매우 중요하다**. 지금처럼 계속 꾸역꾸역 간접 지식을 먹이지 말고, 오히려 간접 지식이 굳어지기 전에, 먼저 살아계신 하나님을 만나 야다(ידע)의 직접 지식을 누리며 하나님을 사랑하도록 학생들을 이끌라는 것이다.

교회에서도 목사들이 교인들에게 **간접 지식에 앞서** 하나님을 만나 교제하며 얻는 **직접 지식이 먼저 자리 잡게** 해야 한다. 그렇지 않으면, 나는 교인들이 천국 들어가는 문을 가로막는 "바리새인 목사"가 될 수밖에 없음을 명심해야 한다.

> "화 있을진저 외식하는 서기관들과 바리새인들이여 너희는 천국 문을 사람들 앞에서 닫고 너희도 들어가지 않고 들어가려 하는 자도 들어가지 못하게 하는도다"
> "화 있을진저 외식하는 서기관들과 바리새인들이여 너희는 교인 한 사람을 얻기 위하여 바다와 육지를 두루 다니다가 생기면 너희보다 배나 더 지옥 자식이 되게 하는도다"
> (마태복음 23장 13, 15절)

가정에서도 마찬가지다. 여러분이 하나님을 만나 교제하며 야다(ידע)의 직접 지식을 누리는 부모라 할지라도, 여러분이 전하는 지식은 **사람의 통로로** 전하는 간접 지식에 불과하다. 자녀들이 살아계신 하나님을 만나기 전에 먼저 간접 지식에 사로잡히면, 여러분은 엘리 제사장처럼 자녀 교육에 실패할 것이다.

하나님은 살아계시다. 우리 자녀들을 찾아오신다. 자녀들과 함께 날마다 성경을 읽고 기도하고 함께 찬송과 예배를 드리라. 그래서 자녀들이 간접 지식의 포로가 되기 전에, 먼저 하나님을 만나 **하나님의 통로로** 하나님을 직접 아는 야다(ידע)의 삶에 들어가도록 도우라. 그리하면 어떤 환경에서든지 하나님의 은혜를 맛보며 복된 삶을 살게 될 것이다. 이것이 믿는 부모가 자녀에게 물려줄 수 있는 최고의 유산이다.

CURSE OF KNOWLEDGE

7. 오늘날은 사사시대다

7. 오늘날은 사사시대다

실제적 무신론자

한국 교회를 보면, 1907년 평양 성령 대부흥을 전후한 세대는 하나님을 맛보아 직접 아는 야다(ידע) 세대, 곧 여호수아 세대였다. 그러나 그후에 한국 교회에도 "하나님을 알지 못하"는 "다른 세대"가 일어났다(삿2:10).

오늘날 너무 많은 신자들이 하나님을 야다(ידע)로 직접 알지 못한다. 하나님에 관한 간접 지식만 가지고, 그것이 전부인양 착각하며 종교생활을 한다. 입으로는 하나님을 찬양도 하고 기도도 드리고 예배에도 참석하지만, 그들의 삶의 현장을 들여다보면 왕이신 하나님이 계시지 않다. 사사 시대 사람들처럼, 본인들이 하나님의 자리에 앉아 각자 왕노릇하며 자기 소견에 옳은 대로 살아간다

"그때에 이스라엘에 왕이 없으므로
사람이 각기 자기의 소견에 옳은 대로 행하였더라"
(삿 21:25)

영국의 유명한 설교자 스펄전(Charles H. Spurgeon)은 하나님에 관한 간접 지식, 곧 관념적 지식만 가지고 종교생활을 하는 교인들을 "실제적 무신론자"(practical atheist)로 불렀다. 무늬는 그리스도인이지만 실제는 무신론자다. 말에는 하나님이 있지만, 삶에는 하나님이 없다. 기도가 공허하고 찬송과 예배에 기쁨이 없다. 목사나 평신도나 각자 모두 무거운 책임감으로 종교생활을 할 뿐이다.

이들의 삶은 세상 사람들의 삶과 별로 다른 것이 없다. 하나님이 계시지 않기 때문이다. 그렇지만 어떻게 살아계신 창조주 하나님을 섬기는 **신앙생활이** 돌이나 나무로 만들어진 죽은 신들을 섬기는 **종교생활과 같을 수 있는가?** 빛과 어둠이 다르듯이 다를 수밖에 없고 또한 달라야 한다.

예수님의 경고

"그날에 많은 사람이 나더러 이르되 주여 주여
우리가 주의 이름으로 선지자 노릇을 하며 주의 이름으로
귀신을 쫓아내며 주의 이름으로
많은 권능을 행하지 아니하였나이까 하리니
그때에 내가 그들에게 밝히 말하되
내가 너희를 도무지 알지 못하니
불법을 행하는 자들아 내게서 떠나가라 하리라"
(마태복음 7장 22-23절)

최후의 심판날에 "많은 사람"이 예수님께 나아와, 자신들은 예수님의 이름으로 선지자 노릇을 하고 예수님의 이름으로 많은 사역을 해온, 예수님을 잘 아는 사람들이라고 당당하게 주장할 것이다. 그러나 예수님께서는 그들을 향해 "내가 너희를 도무지 알지 못한다"고 선언하실 것이라는 말씀이다. 정말 무섭고 충격적인 경고다.

이 말씀은 오늘날 교회 지도자들, 곧 목사, 장로, 선교사, 신학교수들을 향해서 말씀하시는 예수님의 엄중한 경고다.

여기서 예수님이 사용하신 단어는 기노스코(γινώσκω)이다.

야다(ידע)와 마찬가지로 기노스코(γινώσκω)는 둘 이상의 인격체가 관계를 맺고 교제하면서 쌍방간에 얻는 지식을 뜻하기 때문에, 예수님이 나를 아시면 나도 예수님을 아는 것이다. 그러나 예수님이 나를 알지 못하시면 나도 예수님을 모르는 것이다.

> "나는 선한 목자라 나는 내 양을 알고 양도 나를 아는 것이 아버지께서 나를 아시고 내가 아버지를 아는 것 같으니…"
> (요한복음 10장 14-15절)

하나님께서 그의 아들 예수님을 아시듯이, 그리고 선한 목자 예수님께서 나를 아시듯이, 나도 예수님을 교제를 통해 얻는 직접 지식으로 아는가? 예수님의 말씀을 그대로 옮기면, 오늘날 수많은 목사들이 예수님을 알지 못하면서, 예수님에 관한 오이다(οἶδα) 간접 지식(head knowledge)만 가지고, 예수님의 이름으로 설교도 하고 예수님의 이름으로 온갖 사역을 하고 있다.

그렇지만 "그날에" 숨겨졌던 그들의 정체들이 모두 벌거벗은 듯이 드러날 것이다(히4:13). 그들도 그들 자신의 정체가 드러날 때에 엄청난 충격을 받게 될 것이다.

남의 이야기가 아니라 내가 그중에 한 사람이 될 수 있다는 사실을 간과하지 말라. 심판 날에는 회개할 시간이 없고 기회도 주어지지 않는다. 하늘이 무너지고 땅이 꺼지는 절망과 수치에 몸부림치고 통곡하며 예수님 앞을 떠나 지옥에 가지 않으려면, 지금 자신을 돌아보라.

우리도 그럴 것이다.

2천년 전에 예수님을 빌라도에게 넘겨 십자가에 못 박은 주역들은 누구인가? 세상 사람들도 아니고 일반 백성도 아니다. 그들은 바로 대제사장, 장로, 바리새인들이었다(마 27:1-2). 그들은 세상에서 하나님을 가장 잘 알고, 가장 잘 섬긴다고 자부했던 당대에 이스라엘 최고 지도자들이었다. 그런 그들이 하나님의 이름으로 하나님의 아들을 십자가에 못 박아 죽인 것이다. 이런 일이 어떻게 가능했는가?

그 이유는 하나다. 그들이 하나님을 몰랐기 때문이다. 하나님에 관한 간접 지식만 잔뜩 가지고 있었을 뿐 하나님을 직접 아는 기노스코(γινώσκω), 야다(ידע)가 없었다.

"너희가…생명의 주를 죽였도다…
형제들아 너희가 알지 못하여서 그리하였으며

너희 관리들도 그리한 줄 아노라"
(사도행전 3장 14-17절)

"이 지혜는 이 세대의 통치자들이 한 사람도
알지 못하였나니 만일 알았더라면
영광의 주를 십자가에 못 박지 아니하였으리라"
(고린도전서 2장 8절)

이 구절들은 오늘날도 하나님을 직접 아는 기노스코(γινώσκω) 없이 간접 지식만 가지고 사역하는 목사나 신학교수들이 얼마나 무서운 죄를 범할 수 있는지를 여실히 보여준다.

예를 들어 만약 예수님이 초림처럼 성육신하여 이 땅에 오신다면, 앞장서서 예수님을 십자가에 못 박을 사람들은 2천년 전처럼 오늘날도 세상 사람들이나 평신도들이 아니라 간접 지식만 가진 교회 목사와 신학교수들일 것이다.

간접 지식에 노예가 되어있는 그들은, 대제사장과 바리새인들처럼, 오늘날도 예수님을 알아보지 못할 것이다. 그래서 예수님이 오셔도 예수님께로 자기 양들을 인도하기는커녕, 오히려 빼앗기지 않으려고 예수님을 시기하고 비난하고 배척할 것이다. 자신들이 누리는 기득권이 예수님으로 인해 무너질 단계에 이르면, 2천년 전에 그들이 그랬던 것처럼, 결국 예수님을 십자가에 못 박는 일을 서슴치 않을 것이다.

우리는 2천년 전 그들과 다른가? 아니다. 우리나 그들이나 다 똑같이 죄인들이다(롬3:9-12). 그들이 예수님을 십자가에 못 박았다면, 우리도 예수님을 십자가에 못 박는다. 간접 지식만을 가진 나의 지위가 높으면 높을수록, 그리고 열심을 내면 낼수록, 나는 나 자신과 나를 따르는 양떼를 더 깊은 저주에 빠지게 한다.

이 길을 걷지 않으려면, 다른 길은 없다. 나를 사로잡고 있는 간접 지식의 사슬을 끊고 직접 지식 야다(ידע)의 길로 나가야 한다.

그러나 안타깝게도 우리에게는 간접 지식의 저주를 끊을 능력이 없다. 우리에게는 하나님의 은혜가 필요하다.

CURSE OF KNOWLEDGE

8.
하나님의 은혜가 필요하다

8. 하나님의 은혜가 필요하다

사무엘은 하나님의 "계획 출산"으로 태어났다.

하나님께서는 의도적으로 한나가 임신을 하지 못하게 하셨다.

"…여호와께서 그(한나)에게
임신하지 못하게 하시니"
(사무엘상 1장 5절)

하나님은 그것을 통하여 한나가 기도의 자리로 나오게 하셨다.

> "여호와께서 그에게 임신하지 못하게 하시므로 그의
> 적수인 브닌나가 그를 심히 격분하게 하여 괴롭게 하더라"
> (사무엘상 1장 6절)

> "한나가 마음이 괴로워서 여호와께 기도하고 통곡하여"
> (사무엘상 1장 10절)

그런 후에 하나님께서는 기도를 들으시고 한나에게 아기를 주셨다. 그래서 한나는 '사무엘' 곧 "하나님이 들으셨다"(heard by God)는 뜻의 이름을 아들에게 지어주었다.

사무엘도 하나님을 몰랐다.

그렇게 태어난 사무엘은 자라면서 어머니 한나로부터 하나님에 관하여 많은 이야기를 들었을 것이다. 그러나 성경은 그런 사무엘도 아직 하나님을 몰랐다고 말한다.

> "사무엘이 아직 여호와를 알지 못하고…"
> (사무엘상 3장 7절)

여기에서 사용된 단어도 야다(ידע)이다. 어머니를 통해 들은 하나님에 관한 지식이 아무리 많고 진실해도, 사람의 통로로 전해들은 간접 지식일 뿐이다. 홉니와 비느하스처럼, 사무엘도 하나님에 관한 간접 지식만 있었을 뿐 하나님을 몰랐다.

엘리의 두 아들과 사무엘은 같은 시기에 같은 성막에서 같은 하나님을 섬겼고 똑같이 하나님을 몰랐다. 그럼에도 불구하고 사무엘과 엘리의 두 아들은 서로 전혀 다른 길을 걷게 된다. 그 이유는 홉니와 비느하스는 하나님에게 버림을 받았고(삼상2:25), 사무엘은 하나님에게 은혜를 받았기 때문이다(삼상2:26).

사무엘을 찾아오신 하나님

하나님께서는 아직 하나님을 모르던 사무엘을 찾아오셨다.

> "여호와께서 임하여 서서 전과 같이 사무엘아 사무엘아 부르시는지라 사무엘이 이르되
> 말씀하옵소서 주의 종이 듣겠나이다 하니"
> (사무엘상 3장 10절)

하나님께서 사무엘의 이름을 부르며 그를 찾아오시고 만나서 말씀을 나누셨다. 이 시간이 바로 사무엘이 간접 지식에서 벗어나 하나님을 직접 아는 야다(ידע)의 세계로 들어가는 은혜의 순간이었다. 이후로 사무엘은 하나님의 선지자로 하나님과 교제하며 하나님을 더욱 깊이 알아가는 은혜의 삶을 누리게 된다(삼상3:19-21).

간접 지식만 가지고 섬기다가 멸망한 홉니와 비느하스의 길이 아니라 사무엘의 길을 걸어가려면, 우리에게 필요한 것도 바로 이 은혜이다.

모세의 야다(ידע)

하나님께서 모세에게는 늦은 나이 80세에 찾아오셨다. 미디안 광야 호렙 산 떨기나무 불꽃 가운데서, 모세를 부르시고 만나시고 말씀하셨다. 그때까지 하나님을 간접적으로만 알던 모세가 이 은혜의 순간에 하나님을 직접 아는 야다(ידע)의 세계로 들어간다.

> "여호와께서 그가 보려고 돌이켜 오는 것을 보신지라
> 하나님이 떨기나무 가운데서 그를 불러 이르시되
> 모세야 모세야 하시매 그가 이르되 내가 여기 있나이다"
> (출애굽기 3장 4절)

그리고 모세의 야다(ידע)는 모세 한 사람으로 끝나지 않았다. 하나님께서 모세를 통해 이스라엘 백성을 이끌고 나오면서, 그 세대 백성 전체가 갈라진 홍해 바다를 마른 땅처럼 걸어서 건너고, 반석에서 솟아나오는 샘물을 마시고 만나를 먹으며 날마다 하나님을 만나고 맛보게 하셨다. 모세에게 은혜를 베푸신 하나님께서는 그를 통하여 백성 전체가 하나님을 아는 야다(ידע)의 세계로 들어가는 은혜를 베푸셨다.

바울의 야다(יָדַע)

바울 사도는 가말리엘 문하에서 율법을 배운 바리새인이었다. 그는 하나님과 메시야에 관한 간접 지식을 엄청나게 소유했던 사람이다(행22:3, 빌3:5-6). 그러나 그 간접 지식은 그로 하여금 예수 그리스도를 알아보는데 전혀 도움을 주지 못했다. 오히려 그런 그가 열심을 내면 낼수록 예수님을 믿는 자들을 죽이고 핍박하는데 더욱 몰두하게 된다(행7:58, 9:1-2, 22:4-5). 이것이 간접 지식이 만들어내는 지식의 저주의 전형적인 모습이다.

그러나 그런 바울을 부활하신 예수 그리스도께서 그의 이름을 부르며 은혜로 찾아오신다.

"땅에 엎드러져 들으매 소리가 있어 이르시되
사울아 사울아 네가 어찌하여 나를 박해하느냐 하시거늘"
(사도행전 9장 4절)

바로 이 시간이 사울이 바울 되는 순간, 곧 간접 지식만 가지고 그것이 전부인 것으로 착각하여 그리스도인들을 핍박하던 그가 야다(יָדַע)의 세계로 들어간 은혜의 순간이었다. 모세의 경우처럼 바울을 통해서도 수많은 사람들이 하나님을 아는 야다(יָדַע)의 세계로 들어간다(행13:48, 16:25-34, 19:10-20 등).

엘리야를 통해 찾아오신 하나님

아합 왕 시대에 이스라엘 백성은 하나님에 관한 간접 지식밖에 없었다. 그래서 그들은 바알 숭배자 왕비 이세벨의 영향력과 위협 속에 하나님과 바알 "둘 사이에서 머뭇머뭇" 거릴 수밖에 없었다(왕상18:21).

엘리야는 그런 백성을 깨우치기 위해 그들을 갈멜 산에 모아놓고 바알 선지자 450명과 대결한다. 당시 엘리야가 드린 기도의 내용은 하나였다.

> "저녁 소제 드릴 때에 이르러 선지자 엘리야가 나아가서 말하되 이스라엘의 하나님 여호와여 주께서 이스라엘 중에서 하나님이신 것과 내가 주의 종인 것과 내가 주의 말씀대로 이 모든 일을 행하는 것을 오늘 **알게 하옵소서** 여호와여 내게 응답하옵소서 내게 응답하옵소서 이 백성에게 주 여호와는 하나님이신 것과 주는 그들의 마음을 되돌이키심을 **알게 하옵소서** 하매"
> (열왕기상 18장 36-37절)

"알게 하옵소서" 이 단어가 바로 야다(ידע)이다. 엘리야는 하나님에 관하여 간접 지식밖에 없었던 백성에게 하나님을 직접 알게 해달라고 기도했다. 하나님께서는 엘리야의 기도에 불로 응답하심으로 자신이 온 천하에 홀로 살아계신 하나님이심을 그 시대 백성이 직접 보고 야다(יָדַע)로 **알게 하셨다.**

찾아오시는 은혜의 하나님

아담의 타락 이후 하나님께서는 끊임없이 죄인들을 계속 찾아오셨다.

> "그들이…여호와의 낯을 피하여
> 동산 나무 사이에 숨은지라
> 여호와 하나님이 아담을 부르시며
> 그에게 이르시되 네가 어디 있느냐"
> (창세기 3장 8-9절)

> "너희 조상들이 애굽 땅에서 나온 날부터 오늘까지
> 내가 내 종 선지자들을 너희에게 보내되
> 끊임없이 보내었으나"
> (예레미야 7장 25절)

그래도 돌아오지 않자 하나님께서는 마지막으로 그의 아들을 보내어 직접 찾아오셨다.

"인자가 온 것은 잃어버린 자를 찾아
구원하려 함이니라"
(누가복음 19장 10절)

하나님께서는 지금도 우리를 찾아오신다.

"볼지어다 내가 문밖에 서서 두드리노니
누구든지 내 음성을 듣고 문을 열면 내가 그에게로
들어가 그와 더불어 먹고 그는 나와 더불어 먹으리라"
(요한계시록 3장 20절)

하나님의 소원 때문이다.

왜 찾아오시는가? 배신하고 떠난 쓸모없는 죄인들을 하나님은 왜 포기하지 않고 계속 찾아오시는가? 그것은 하나님의 소원 때문이다. 그것은 바로 사람들과 교제하며 함께 살고 싶어하시는 소원이다. 성경 66권 내내, 창세기부터 요한계시록까지 하나님께서는 이 소원을 반복하여 말씀하고 계시다.

하나님께서는 왜 사람을 창조하셨는가? 젊은 부부가 자기 형상을 닮은 아기를 낳아 함께 살고 싶어하는 것처럼, 하나님께서는 그의 형상을 닮은 사람들과 사랑하며 함께 살고 싶으셔서 사람을 창조하셨다(창1:26-27). 그래서 자기 대신에 만물을 다스리게 하시고(창1:28), 동물들의 이름도 짓게 하시면서(창2:19), 자기와 교제하며 함께 살기를 원하셨다. 그러나 인간은 하나님의 이런 소원을 에덴 동산에서부터 무참히 깨뜨렸다.

그래도 하나님은 그의 소원을 포기하지 않으셨다. 하나님께서 아브라함을 부르셔서 언약을 맺으신 이유는 무엇인가? 그와 그의 후손을 그의 백성으로 삼고 친히 그들의 하나님이 되셔서 그들과 교제하며 함께 사시기 위함이었다(창17:7-8, 21:22).

모세를 보내셔서 이스라엘 백성을 출애굽 시킨 이유는 무엇인가? 그것도 마찬가지이다.

> "그러므로 이스라엘 자손에게 말하기를
> 나는 여호와라 내가 애굽 사람의 무거운 짐 밑에서
> 너희를 빼내며 그들의 노역에서 너희를 건지며
> 편 팔과 여러 큰 심판들로써 너희를 속량하여 너희를
> 내 백성으로 삼고 나는 너희의 하나님이 되리니…"
> (출애굽기 6장 6-7절)

시내 광야에서 성막을 짓게 하신 이유는 또한 무엇인가? 사람들 한가운데 자신이 거할 집을 짓고 그들과 함께 살고 싶어하시던 하나님의 소원 때문이다.

"내가 내 성막을 너희 중에 세우리니…
나는 너희 중에 행하여 너희의 하나님이 되고
너희는 내 백성이 될 것이니라"
(레위기 26장 11-12절)

그러나 그의 백성은 하나님을 버리고 멀리 떠났다. 그리고 돌아오기를 거절했다. 하나님께서는 자신의 아픔을 이렇게 말씀하셨다.

"하늘이여 들으라 땅이여 귀를 기울이라 여호와께서
말씀하시기를 내가 자식을 양육하였거늘
그들이 나를 거역하였도다
소는 그 임자를 알고 나귀는 그 주인의 구유를 알건마는
이스라엘은 알지 못하고
나의 백성은 깨닫지 못하는도다 하셨도다
슬프다 범죄한 나라요 허물진 백성이요 행악의 종자요
행위가 부패한 자식이로다 그들이 여호와를 버리며
이스라엘의 거룩하신 이를 만홀히 여겨
멀리하고 물러갔도다"

(이사야 1장 2-4절)

　소나 당나귀만도 못한 백성이 돌아오기를 거절하자 하나님께서는 마침내 그의 아들을 세상에 보내셨다. 보내시면서 그의 아들의 이름을 임마누엘로 지으신 이유는 무엇인가? 하나님께서는 우리와 함께 살고 싶어하시는 그의 소원을 아들의 이름에 담으신 것이다.

"...보라 처녀가 잉태하여 아들을 낳을 것이요
그의 이름을 임마누엘이라 하리라 하셨으니
이를 번역한즉 하나님이 우리와 함께 계시다 함이라"
(마태복음 1장 23절)

　앞으로의 일이지만, 하나님께서는 결국 마지막 날에 그의 소원을 성취하신다.

"내가 들으니 보좌에서 큰 음성이 나서 이르되 보라
하나님의 장막이 사람들과 함께 있으매 하나님이
그들과 함께 계시리니 그들은 하나님의 백성이 되고
하나님이 친히 그들과 함께 계셔서"
(요한계시록 21장 3절)

오늘날도 하나님은 찾아오신다.

하나님께서는 그의 소원을 따라 마지막 날에 "거룩한 성 새 예루살렘"에서 자기와 함께 살 백성을 불러 모으기 위하여, 오늘날도 우리를 찾아오신다.

하나님께서는 내가 하나님을 만나기를 사모하는 것보다 나를 만나기를 더 사모하는 분이시다. 나를 만나서 그의 백성, 그의 자녀로 삼으시고 사랑하며 함께 살고 싶어하시는 그분의 소원 때문이다.

하나님은 전능하신 하나님, 우주의 창조자, 영원한 왕이시다. 그 분의 자녀로 거듭나서 그분을 모시고 그분과 함께 살며 직접 교제하는 야다(ידע)의 영광스러운 삶을 살기 원하는가? 그러나 그날이 오면 늦다. 오늘 은혜로 나를 찾아오시는 하나님을 **지금 여기서** 만나라.

그렇다면 하나님을 어떻게 만날 수 있는가? 이제 마지막으로 찾아오시는 하나님을 만나 야다(ידע)의 세계로 들어가는 은혜의 통로에 대하여 살펴보려고 한다.

CURSE OF KNOWLEDGE

9.
하나님을 만나는 은혜의 통로

9. 하나님을 만나는 은혜의 통로

죄인들을 찾아오신다.

찾아오시는 하나님을 만나기 원하는가? 그래서 살아계신 하나님, 전능하신 우주의 창조자, 만왕의 왕을 뵙고 교제하며 그와 함께 살아가는 야다(ידע)의 삶을 누리기 원하는가? 그렇다면 무엇보다도 그는 의인이 아니라 죄인들을 찾아오신다는 사실을 먼저 깨달아야 한다.

"…나는 의인을 부르러 온 것이 아니요
죄인을 부르러 왔노라 하시니라"

(마태복음 9장 13절)

의인은 없다. 하나도 없다. 모두 죄인이다(롬3:9-12, 시143:2). 그렇다면 의인이 하나도 없는데 "의인을 부르러 온 것이 아니요 죄인을 부르러 왔노라"는 말씀은 무슨 말씀인가?

앞에 네 절, 곧 마태복음 9장 9-12절을 읽고 문맥을 통해 보면, 뜻이 선명하게 드러난다. 마태복음 9장 13절에서 예수님이 하신 말씀은 "나는 의인 행세를 하는 너희 바리새인 같은 죄인들을 부르러 온 것이 아니라 자신이 죄인임을 깨닫는 세리 같은 죄인들을 부르러 왔다"는 말씀이다.

이처럼 세상에는 의인이 없고 오직 두 종류의 죄인, 곧 자기를 의인으로 착각하는 죄인과 자신이 죄인임을 깨닫는 죄인이 있을 뿐이다.

나는 이 둘 중 어느 부류에 속하는가?

두 부류의 차이는 회개이다.

이 두 부류의 차이는 회개로 드러난다. 바리새인처럼 의인이라고 착각하는 죄인들은 회개를 할 줄 모른다. 자기가 죄인임을 인정하지 않는데 어떻게 회개를 하겠는가? 하나님 앞에 나가서도 회개는커녕 오히려 자기 의를 드러내기를 좋아할 뿐이다.

> "또 자기를 의롭다고 믿고 다른 사람을 멸시하는
> 자들에게 이 비유로 말씀하시되 두 사람이 기도하러
> 성전에 올라가니 하나는 바리새인이요 하나는 세리라
> 바리새인이 서서 따로 기도하여 이르되 하나님이여
> 나는 다른 사람들 곧 토색, 불의, 간음을 하는 자들과
> 같지 아니하고 이 세리와도 같지 아니함을 감사하나이다
> 나는 이레에 두 번씩 금식하고 또 소득의 십일조를
> 드리나이다 하고"
> (누가복음 18장 9-12절)

그러나 자신이 죄인임을 알고 있던 세리의 기도는 달랐다. 바리새인의 기도와 달리, 세리의 기도는 자신이 죄인임을 고백하며 용서를 구하는 회개의 기도였다.

> "세리는 멀리 서서 감히 눈을 들어 하늘을 쳐다보지도
> 못하고 다만 가슴을 치며 이르되 하나님이여 불쌍히
> 여기소서 나는 죄인이로소이다 하였느니라"
> (누가복음 18장 13절)

내 기도는 둘 중에 누구의 기도를 더 닮아있는가?

하나님을 만나는 은혜의 통로는 회개다.

예수님은 바리새인들이 아니라 세리와 죄인들을 영접하셨다(눅15:1-2). 이런 예수님을 바라보며 시기하고 비난하던 바리새인들을 향해 예수님께서는 누가복음 15장에서 세 가지 비유를 말씀하셨다.

첫째 비유에서 예수님은 나는 의인으로 착각하는 너희 아흔아홉을 버려두고 자기가 죄인임을 깨닫는 한 사람을 "찾아내기까지" 찾아다니기 위해 세상에 왔다고 말씀하셨다(눅15:4). 세리 같은 "죄인 한 사람이 회개하면" 하늘에서는 회개할 것이 없다고 착각하며 사는 너희 바리새인 아흔아홉으로 인하여 기뻐하는 것보다 더 기뻐한다고 이어 말씀하셨다(눅15:7).

이같이 예수님은 죄인들을 불러 회개시키기 위해 오셨다. 왜 그런가? 회개는 하나님을 만나는 은혜의 세계에 들어가는 문이기 때문이다.

"내가 의인을 부르러 온 것이 아니요
죄인을 불러 회개시키러 왔노라"
(누가복음 5장 32절)

회개 없이는 하나님을 만날 수 없다. 하나님을 만나지 못하면, 나는 간접 지식의 저주에서 영영 벗어날 수 없다. 그러므로 바리새인처럼 자신을 의인으로 착각하며 형식적인 제사, 위선적인 기도에 머물지 말고, 세리처럼 상하고 통회하는 심령으로 하나님께 나아가라. 그가 만나주실 것이다.

"하나님께서 구하시는 제사는 상한 심령이라
하나님이여 상하고 통회하는 마음을 주께서
멸시하지 아니하시리이다"
(시편 51편 17절)

이처럼 회개는 하나님의 은혜의 세계에 들어가는 통로이다.

회개란?

그렇다면 회개란 무엇인가? 일반적인 생각과 달리, 죄를 깨닫고 뉘우치는 것 이상이다. 가룟 유다는 자기 죄를 깨닫고 뉘우쳤다. 그렇지만 그는 아직 회개한 것이 아니다.

"그 때에 예수를 판 유다가 그의 정죄됨을 보고
스스로 뉘우쳐 그 은 삼십을 대제사장들과 장로들에게
도로 갖다 주며 이르되 내가 무죄한 피를 팔고
죄를 범하였도다…"
(마태복음 27장 3-4절)

누가복음 15장에서 말씀하신 예수님의 세 번째 비유를 통해 보면, **죄는** 자기가 주인 되어 자기 욕망대로 살려고 **하나님을 떠나는 것**에서 시작된다(눅15:13, 약1:15). 그리고 **회개는** 떠났던 **하나님께 돌아가는 것**으로 마무리된다.

아버지를 떠나 먼 나라에 갔던 탕자는 자기 죄를 깨닫고 뉘우쳤다(눅15:13-19). 그는 먼 나라에 계속 머물러 살지 않고, 일어나 아버지께로 돌아갔다. "이에 일어나서 아버지께로 돌아가니라"(눅15:20). 이것이 바로 예수님께서 말씀하시는 회개이다. 회개는 죄의 삶을 뒤로 하고 일어나 하나님께 돌아가는 것이다.

가롯 유다가 자기 죄를 깨닫고 아무리 뼈저리게 뉘우쳤어도, 예수님을 팔고 받은 돈을 돌려주었어도, 심지어 죄책감 때문에 목을 매고 죽었어도, 아직 회개를 한 것이 아니다. 십자가에 못 박히신 예수님 앞에 나오든지 부활하신 예수님께 나오든지, 어쨌든 탕자가 했던 것처럼 일어나 예수님께로 돌아와야 했다. 이것이 하나님께서 요구하시는 회개이기 때문이다.

돌아오라.

하나님께서는 하나님을 떠나 죄 가운데 살아가는 백성에게 선지자들을 보내셔서 회개를 촉구하시며 끊임없이 "돌아오라"고 말씀하셨다.

"이스라엘 자손들아
너희는 심히 거역하던 자에게 돌아오라"
(이사야 31장 6절)

"악인은 그의 길을, 불의한 자는 그의 생각을 버리고
여호와께로 돌아오라 그리하면 그가 긍휼히 여기시리라
우리 하나님께로 돌아오라 그가 너그럽게 용서하시리라"
(이사야 55장 7절)

"배역한 자식들아 돌아오라
내가 너희의 배역함을 고치리라"
(예레미야 3장 22절)

"그가 이르시기를
너희는 각자의 악한 길과 악행을 버리고 돌아오라…"
(예레미야 25장 5절)

"이스라엘아 네 하나님 여호와께로 돌아오라…"
(호세아 14장 1절)

"여호와의 말씀에 너희는 이제라도 금식하고 울며
애통하고 마음을 다하여 내게로 돌아오라…"
(요엘 2장 12절)

그러나 백성들은 돌아오지 않았다.

"너는 또 그들에게 말하기를 여호와의 말씀에
사람이 엎드러지면 어찌 일어나지 아니하겠으며
사람이 떠나갔으면 어찌 돌아오지 아니하겠느냐
이 예루살렘 백성이 항상 나를 떠나 물러감은 어찌함이냐
그들이 거짓을 고집하고 돌아오기를 거절하도다"
(예레미야 8장 4-5절)

마침내 하나님께서는 마지막으로 그의 아들을 보내셨다. 예수님께서 세상에 오시고 십자가에서 피 흘려 죽으신 것도 바로 죄인들이 **하나님께 돌아오는 길이 되기 위함이었다.**

"예수께서 이르시되 내가 곧 길이요 진리요 생명이니
나로 말미암지 않고는 아버지께로 올 자가 없느니라"
(요한복음 14장 6절)

지금 회개하라.

예수님께서 공생애를 시작하시면서 죄인들을 구원하기 위해 맨 처음 외치신 말씀은 "회개하라"였다.

> "이때부터 예수께서 비로소 전파하여 이르시되
> 회개하라 천국이 가까이 왔느니라 하시더라"
> (마태복음 4장 17절)

천하를 공의로 심판하실 분과 심판 날은 이미 정해져 있고, "그를 죽은 자 가운데서 다시 살리신 것으로 모든 사람에게 믿을 만한 증거"도 이미 주셨다(행17:31). 하나님께서 "이제는 어디든지 사람에게 다 명하사 회개하라" 하셨다(행17:30).

회개하라. 기회를 주실 때에 지금 회개하라.

> "이르시되 내가 은혜 베풀 때에 너에게 듣고
> 구원의 날에 너를 도왔다 하셨으니 보라 지금은
> 은혜 받을 만한 때요 보라 지금은 구원의 날이로다"
> (고린도후서 6장 2절)

회개는 하나님을 만나는 은혜의 통로이다. 회개가 야다(יָדַע) 세계의 문을 연다. 회개로 지금 하나님께 돌아오라. 돌아오면 탕자를 영접하는 아버지처럼, 하나님께서 나를 용서하시고 영접하실 것이다.

 "돌아오라"는 하나님의 말씀을 거절하지 말라. "수고하고 무거운 짐 진 자들아 다 내게로 오라"(마11:28)는 예수님의 초청을 더 이상 외면하지 말라. 상하고 통회하는 마음으로 지금 무릎을 꿇고 기도하라.

 돌아와서, 하나님을 떠나 내가 주인 되어 살던 죄를 고백하고, 믿음으로 예수님을 주님으로 모시어 들여라. 삶의 모든 영역을 예수님의 통치에 맡기고 복종하며 살라. 하나님을 직접 아는 야다(ידע)의 복된 삶을 지금부터 영원히 누리며 살게 될 것이다.

CURSE OF KNOWLEDGE

10.
회개가 무너진
한국 교회를
살릴 것이다

10. 회개가 무너진 한국 교회를 살릴 것이다

평양 대부흥의 핵심은 회개였다

한국 교회의 대부흥은 1907년 1월에 평양 장대현 교회에서 모인 평안남도 남자 사경회에 하나님께서 성령을 부어주심으로 시작되었다. 그런데 이 대부흥의 핵심이 회개였다는 사실을 우리는 잊지 말아야 한다.

1월 14일 저녁집회 후에 새벽으로 이어진 철야기도회에서 길선주 장로는 6백명이 넘는 회중 앞에서 수치를 무릅쓰고 자신이 도둑놈이라고 회개를 했다. 1년 전에 세상을 떠난 친구가 남긴 재산의 일부를 훔친 도둑놈이라고 공개적으로 회개를 했던 것이다.

그러자 성령의 강한 역사로 마음에 찔림을 받은 사람들이 하나 하나 회개를 쏟아내기 시작했다(행2:37-38). 매일 술만 마시며 불치병에 걸려 고통당하는 아내에게 저주를 퍼부은 남자, 첩을 두 명이나 두고 가정을 돌보지 않았던 남자, 선교사의 돈을 훔친 여성 등이 자신의 죄를 고백하였다. 한 사람이 회개하며 울기 시작하자 이어서 모든 회중이 흐느끼며 울기 시작하였다. 처벌을 무릅쓰고 일어나 살인죄, 강간죄 등 온갖 죄를 회개하고 주저앉아 울며 마룻바닥을 두들기며 비명이 가까운 통곡을 쏟아내며 밤새 회개를 이어갔다.

이런 회개를 통하여 한국교회는 하나님을 직접 아는 야다(ידע)의 교회로 거듭난 것이다. 그로부터 성도들은 날마다 그들의 삶 속에서 역사하시는 하나님, 그들의 기도를 응답하시는 살아계신 하나님을 만나 교제하는 야다(ידע)의 삶을 살기 시작했다. 이것이 부흥의 도화선이 되어 한국 교회에는 1백만 구령운동이 펼쳐졌고 오늘날 1천만 성도에 이르게 된 것이다.

그러나 1백년이 넘게 지나면서, 오늘날 한국 교회에는 여호와를 알지 못하는 "새로운 세대"가 일어났다. 이제 더 이상 한국 교회는 야다(ידע)의 삶을 누리는 교회라고 할 수 없다.

나는 예수님이 재림하시기 전에, 성령께서 일으키시는 거대한 부흥이 다시 한 번 일어날 것을 믿는다. 최후의 심판 전에 하나님께서 잃어버린 수많은 영혼들을 마지막으로 추수하시는 인류 역사 최대의 부흥 운동이 일어날 것이다. 그리고 이 마지막 부흥도 죄인들의 회개로 시작될 것이다.

마지막 추수에 쓰임 받는 한국 교회가 되기 위하여, 회개와 함께 일어날 한국 교회의 두 번째 큰 부흥을 기다리며, 이 책을 마친다.

여호와를 아는 지식이 세상에 충만할 것임이니라

메시야가 재림하시는 그날이 오면 창세기 3장에서 시작된 저주가 모두 끝날 것이다(계22:3). 간접 지식의 저주도 함께 끝날 것이다. 그 때가 되면, "물이 바다를 덮음같이 여호와를 아는 지식" 곧 야다(ידע)의 직접 지식이 온 세상에 충만할 것이다(사11:9).

그날을 소망 중에 바라보자. 세상 시련에 물러서지 말고, 오늘도 믿음으로 선한 싸움을 싸우자. 그날이 우리 앞에 성큼성큼 다가오고 있다.

지식의 저주

초판 1쇄 발행 2023년 7월 5일

지은이　손원배

등록번호　제2014-000295호
등록일　2014년 10월 17일
등록된곳　서울시 성북구 화랑로33길 39 2층 20-3호 (청마빌딩)
발행처　(주)퓨리턴퍼블리싱
이메일　Contact@puritanpublishing.co.kr
전화번호　070-7432-6248
ISBN　979-11-978956-5-4 06200